Birgit Holz

Liebenswerte Kuschelpuppen
selbst genäht

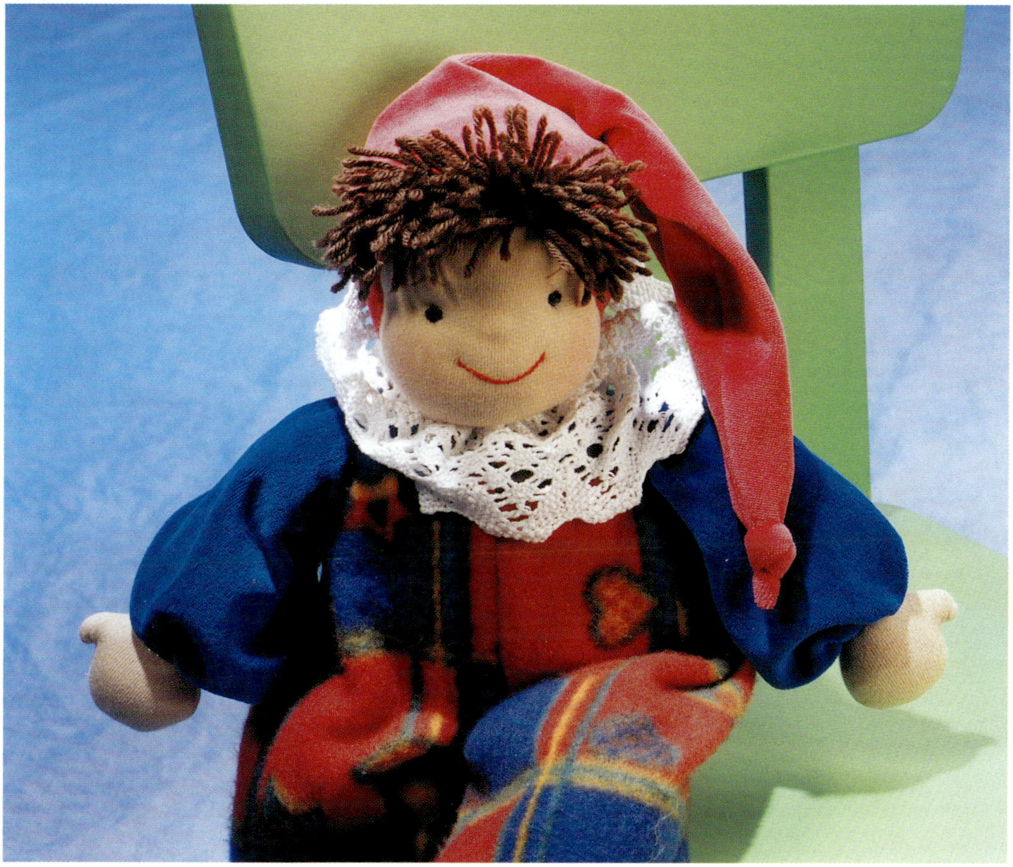

Die Deutsche Bibliothek – CIP-Einheitsaufnahme
Liebenswerte Kuschelpuppen selbst genäht / Birgit Holz. – Wiesbaden: Englisch, 2000
ISBN 3-8241-1002-4

© by Englisch Verlag GmbH, Wiesbaden 2000
ISBN 3-8241-1002-4
Alle Rechte vorbehalten. Nachdruck, auch auszugsweise, verboten.
Fotos: Frank Schuppelius
Herstellung: Michael Feuerer
Printed in Spain

Das Werk und seine Vorlagen sind urheberrechtlich geschützt, jede Verwertung oder gewerbliche Nutzung der Vorlagen und Abbildungen ist verboten und nur mit ausdrücklicher Genehmigung des Verlages gestattet. Dies gilt insbesondere für die Nutzung, Vervielfältigung und Speicherung in elektronischen Systemen und auf CDs. Es ist deshalb nicht erlaubt, Abbildungen und Bildvorlagen dieses Buches zu scannen, in elektronischen Systemen oder auf CDs zu speichern oder innerhalb dieser zu manipulieren.

Die Ratschläge in diesem Buch sind von der Autorin und dem Verlag sorgfältig erwogen und geprüft, dennoch kann eine Garantie nicht übernommen werden. Eine Haftung der Autorin bzw. des Verlages und seiner Beauftragten für Personen-, Sach- und Vermögensschäden ist ausgeschlossen.

Inhaltsverzeichnis

Vorwort 5

Material und Werkzeug 6

Grundanleitung 7

Kuschelpuppen 14
Klausi 14
Tim 16
Lilly 18
Viktoria 20
Max 22
Benny 24
Hannes 26
Dorit 28

Vorwort

In diesem Buch möchte ich Ihnen zeigen, wie Sie mit ein wenig Geduld Ihren Kindern oder auch sich selbst eine Puppe nähen können, die so einmalig ist wie Ihre Kinder oder Sie.

Seit ich vor ungefähr fünfzehn Jahren zum ersten Mal eine Puppe nach Waldorfart gesehen habe, fesselten mich Puppen zum Selbernähen. Allerdings kam ich erst Jahre später zur Umsetzung, als unsere Tochter ein Jahr alt war. In einem Kindergarten habe ich meine erste Puppe genäht, und seitdem hat mich dieses Hobby nicht mehr losgelassen. Je mehr Puppen ich genäht habe, um so größere Fingerfertigkeit bekam ich.

Die Vielfältigkeit dieser Puppen ist unbeschreiblich groß. Man kann nicht nur liebenswerte Spiel- und Knuddelfreunde nähen, sondern auch Dekorationsfiguren oder Jahres- und Krippenfiguren. Über die Jahre habe ich viele Techniken und Materialien ausprobiert, bis ich soweit war, selbst Kurse anzubieten und meine Begeisterung für dieses Hobby mit vielen anderen Frauen zu teilen. Das Schönste am Puppenmachen ist für mich, dass jede Puppe ein Unikat ist. Keine Puppe gleicht der anderen, Puppen sind so individuell wie die Person, die sie herstellt. So brachte auch jeder Austausch mit anderen Puppenmacherinnen neue Impulse mit sich. Ich hoffe, dass Sie genau wie ich entdecken, wie schön und abwechslungsreich dieses Hobby sein kann.

Wenn Sie zum ersten Mal eine Puppe nähen, rate ich Ihnen, mit einer kleinen Kuschelpuppe anzufangen. Das gibt Ihnen die notwendige Sicherheit für größere Puppen. In diesem Buch stelle ich Ihnen einige meiner Puppen vor. Die dazugehörigen Anleitungen und Schnitte habe ich vorbereitet. So können Sie die Puppe nacharbeiten, die Ihnen gefällt, und später Ihre eigenen Ideen beim Puppenmachen verwirklichen.

Viel Spaß dabei!

Birgit Holz

Material und Werkzeug

Zum Nähen der in diesem Buch vorgestellten Kuschelpuppen benötigen Sie folgendes Material und Werkzeug:

- Baumwoll-Trikot in Hautfarben und Dunkelbraun: eine leichte Qualität für das Gesicht, eine festere Qualität für den Körper
- weicher Bleistift oder Phantomstift (Stift, der nur einige Zeit auf Stoff zu erkennen ist und dann verblasst) zum Aufzeichnen der Schnitte
- Schneiderschere, Stickschere
- reißfestes Abbindegarn aus Leinen oder Polyester in Hautfarben und Dunkelbraun
- Handnähfaden in Hautfarben und Dunkelbraun
- Nähseide in Hautfarben und Dunkelbraun sowie in den Farben der Kleidung
- spitze lange Stopfnadeln
- Puppennadel, 12 cm lang
- Stecknadeln mit großen bunten Köpfen
- Häkelnadeln Nr. 3 und 4
- Skalpell oder Cutter für Pelzperücken
- Stickgarn oder Wolle der Stärke 3–3 1/2 für Augen und Mund
- für die Haare: langhaarige Mohairwolle, Boucléwolle (speziell Puppenlockenwolle), Baumwolle oder glatte Wolle für Fransenponys und aufgestickte Ponys
- Mohairplüsch (Teddyplüsch)
- für die Kleidung: verschiedene Nickis aus Baumwolle, weiche Sweatshirtstoffe und Baumwollstoffe
- Baumwollhäkelspitzen
- Schlauchverband in den Größen Tg 2, 3, 5 und 6 (Tg bezeichnet die Schlauchbreite; Schlauchverband ist im Fachhandel und in Apotheken erhältlich)
- Gummi für Unterwäsche, ca. 1 cm breit, oder Gummilitzen (weiche Gummis mit Spitzenbesatz, beispielsweise für Armabschlüsse)
- gewaschene und gekämmte Schafswolle zum Stopfen und waschbare Füllwatte (beides als Vlies erhältlich)
- Stopfholz (Kochlöffel)
- Wachsstifte in Rot und Braun für Wangen, Augenbrauen und Sommersprossen
- Nähmaschine mit Jerseynadel

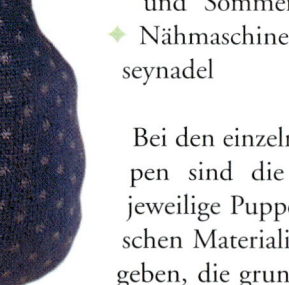

Bei den einzelnen Puppen sind die für die jeweilige Puppe spezifischen Materialien angegeben, die grundsätzlich benötigten Materialien wie Füllwatte, Nähseide und Abbindegarn kommen hinzu.

Da jede Puppe ein Unikat ist, sind alle Stoffmaße nur ungefähre Angaben. Diese Maße sind immer abhängig davon, wie stark Sie die Puppe ausstopfen und wie groß diese letztendlich wird.

Grundanleitung

Kopf und Rumpf

Die Puppenherstellung beginnt mit dem Kopf. Kopf und Rumpf bilden bei der Stoffpuppe immer eine organische Einheit. Deshalb muss der Schlauch immer so bemessen werden, dass das obere Drittel für die Kopfform ausreicht. Der Rest des Schlauches verbleibt für den Rumpf.

Zunächst wird ein Schlauch am oberen Ende abgebunden und dann gewendet. Schneiden Sie von Ihrem Vlies (entweder verwenden Sie Schafswolle oder waschbare Füllwatte) für eine große Puppe ein 40 cm langes Stück ab. Für eine kleine Puppe benötigen Sie ein 25 bis 30 cm langes Stück. Dieses Vliesstück teilen Sie längs in vier gleich breite Streifen. Diese Streifen werden über Kreuz gelegt, dann stülpen Sie den Schlauch über das Kreuz. Belassen Sie eine Faust über dem Kreuz, um diese Mulde mit Wolle oder Füllwatte auszustopfen, bis die gewünschte Kopfgröße erreicht ist. Reihen Sie den Schlauch auf einer Linie mit Abbindefaden ein.

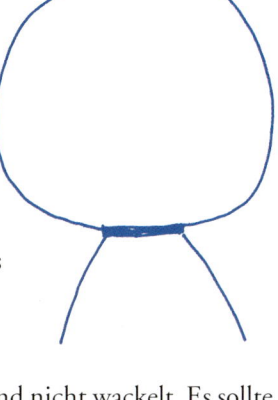

Der Faden wird angezogen und verknotet. Dabei sollte jedoch ein fingerdickes Loch bestehen bleiben, um eventuell noch einmal Wolle nachstopfen zu können. Auf diese Weise können Kinn, Wangen und Hinterkopf geformt und ausmodelliert werden. Wichtig ist, dass der Kopf nicht zu weich oder zu fest gestopft wird. Ein zu weich gestopfter Kopf wird beim Abbinden zu klein und verformt sich. Ein zu fester Kopf lässt sich wiederum nur schwer abbinden, und der Kopf gerät meist zu groß. Ist der Kopf fertig modelliert, wird die eingereihte Stelle am Hals dreimal mit Faden umwickelt, der dann fest angezogen wird. Dabei muss man darauf achten, dass etwas Wolle im Halsbereich bleibt. Die Wolle im Hals bildet die Verbindung zum Körper und bewirkt, dass der Kopf fest sitzt und nicht wackelt. Es sollte allerdings auch nicht zu viel Wolle im Halsbereich verbleiben, denn dann wirkt die Puppe später plump und gedrungen.

Der abgebundene Ball wird mit den Händen in die Form gedrückt, die er für das weitere Abbinden der Gesichtskonturen erhalten soll. Zunächst legt man einen langen Faden um die Mitte des Balls und führt ihn dreimal fest um die Augenlinie. Der Faden wird fest angezogen und auf der Höhe der Ohren verknotet. Die Augenlinie befindet sich horizontal in der Mitte des Wollballs.

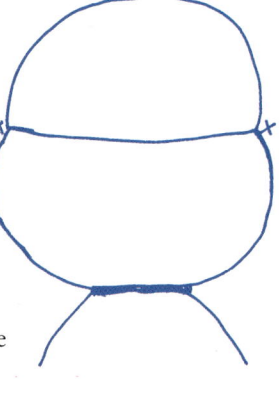

Als Nächstes wird ein Faden vertikal um die Mitte des Gesichts gelegt. Der Faden wird vom Hals aus über die Kopfmitte unter das Kinn geführt und festgezogen. Wiederholen Sie den Vorgang zwei- bis dreimal, und verknoten Sie den Faden dann.

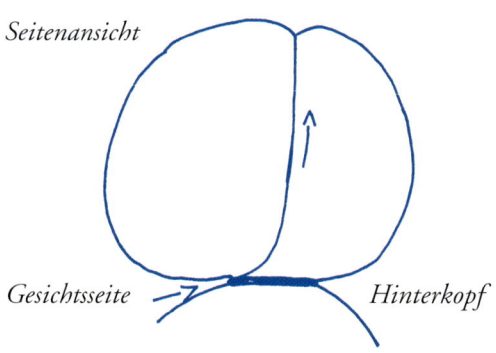

Seitenansicht

Gesichtsseite   *Hinterkopf*

An beiden Seiten des Kopfes wird an der Stelle, an der sich die vertikalen und horizontalen Fäden verkreuzt haben, mehrmals ein Befestigungsstich angebracht. Dann ziehen Sie mit einer Häkelnadel den Hinterkopffaden ins Genick.

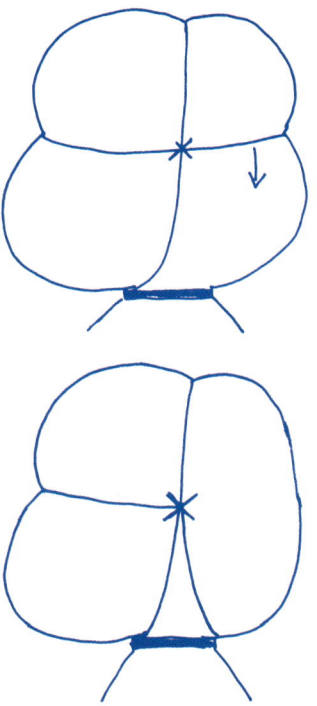

Nun wird die Nase modelliert. Dafür zupfen Sie mit einer dicken Nadel in der Mitte des Gesichts (ungefähr fünf Maschen unterhalb der Augenlinie) Wolle heraus. Mit einem festen Faden reihen Sie die Maschen um diesen „Wollknubbel" ein. Ziehen Sie den Faden an, und verknoten Sie ihn fest.

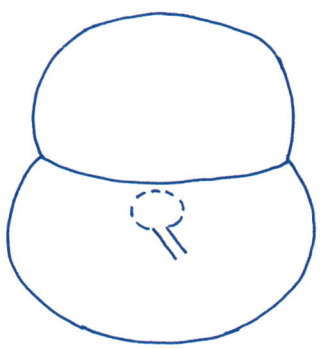

Der restliche Schlauch wird prall und gleichmäßig mit Wolle oder Watte gefüllt. Der Po wird zusätzlich mit einer Wollrolle gestopft. Der Rumpf sollte ungefähr eineinhalb Kopflängen lang sein. Danach wird der Schlauch eingeschlagen und zugenäht. Die Seiten des Rumpfes werden links und rechts bis zur Schulterhöhe eingedrückt und durch Einnähen begradigt. Durch diese Innenfurche entstehen Taille und Po-Ansatz, und gerade gro-

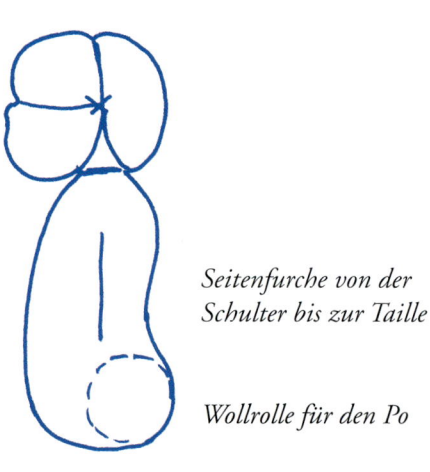

Seitenfurche von der Schulter bis zur Taille

Wollrolle für den Po

ße Puppen bekommen so eine schöne Körperform.

Der Trikot für das Gesicht wird je nach Kopfgröße abgemessen und zugeschnitten, wobei an der Kopfplatte ungefähr 1 1/2 cm Trikot überstehen sollten. An der Unterseite des Kopfes sollten ungefähr 5 cm Trikot überstehen, um über den Rumpf gezogen zu werden. Die Breite des Trikots ergibt sich nach dem Umfang des Kopfes. Der Trikot wird nun sehr stramm über das Gesicht gespannt und mit Stecknadeln fixiert. Der überstehende Stoff wird am Oberkopf von vorn nach hinten eingeschlagen, damit sich eine glatte Stirn ohne Falten ergibt. Nähen Sie die Stofffalte längs und an den beiden Seiten fest. Nähen Sie dann den Trikot vom oberen Kopf bis zum Nacken fest. Das Ende des Fadens wird mehrmals um den Hals gewickelt, dabei dürfen sich keine Stofffalten bilden. Der Rest des Trikots wird über die Schulter gezogen und mit festen Stichen an der oberen Brusthöhe angenäht. Der Kopf sitzt jetzt fest auf den Schultern.

Arme und Beine

Die Gliedmaße werden auf festen Trikot aufgemalt, wobei auf den Fadenlauf zu achten ist. Als Fadenlauf bezeichnet man die Stoffrichtung, die parallel zur Längskante des Stoffes liegt. Arme und Beine werden mit 5 mm Nahtzugabe zugeschnitten. Wenn Sie weichen Trikotstoff mit zwei „rechten" Seiten verwenden, müssen Arme, Beine und Körper etwa drei bis vier Zentimeter länger zugeschnitten werden. Dieser Stoff ist sehr dehnbar und dehnt sich beim Stopfen in die Breite. Gleichzeitig verkürzt er sich. Bei einer stärkeren Trikotqualität, die eine linke und rechte Seite besitzt, ist diese Stoffzugabe nicht

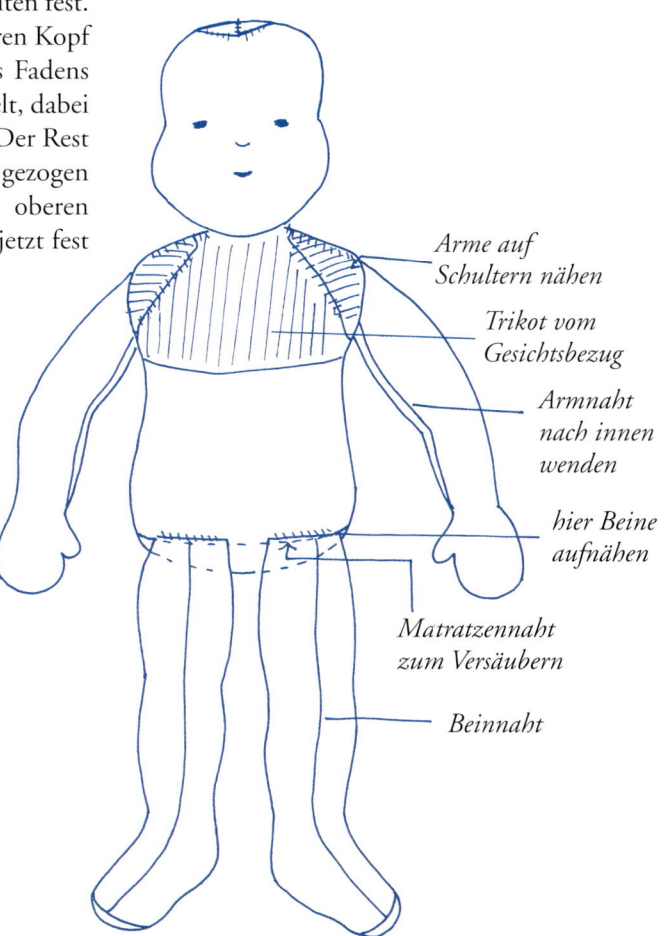

Rückenansicht

Arme auf Schultern nähen

Trikot vom Gesichtsbezug

Armnaht nach innen wenden

hier Beine aufnähen

Matratzennaht zum Versäubern

Beinnaht

notwendig. Nähen Sie die Gliedmaße. Die Fußspitzen werden Naht auf Naht gelegt und halbrund abgesteppt. Auch die Körperhülle wird aus Trikot zugeschnitten und genäht, wobei die Hülle oben offen bleibt.

Stopfen Sie die Arme aus, und nähen Sie sie in Schulterhöhe an den Rumpf. Dabei ist darauf zu achten, dass die Nähte und die Daumen zum Körper gewendet sind und die Arme nicht zu stramm vom Körper abstehen. Die Beweglichkeit der Arme bleibt erhalten, wenn die oberen zwei Zentimeter nicht ausgestopft werden. Jetzt wird die Körperhülle über den Rumpf gezogen. Oben an den Seiten schneidet man sie für die Arme etwas ein. Auf den Schultern wird eine kleine Polsterung vorgenommen, bevor die Hülle auf den Schultern geschlossen wird. Verwenden Sie dafür den Matratzenstich. Nachdem Sie die Beine ausgestopft haben, nähen Sie sie etwa zwei Zentimeter über der Rumpfnaht mit einem Überwindelungsstich fest. Um diese etwas offenen Nähte zu verbergen, ziehen Sie etwas Stoff vom Körper darüber und nähen ihn mit einem kleinen Matratzenstich fest. Auf diese Weise wirkt die Puppe auch unbekleidet sorgfältig verarbeitet.

Benutzen Sie für das Annähen der Arme und Beine einen reißfesten Handfaden, da gerade die Gliedmaße stark von Kindern beansprucht werden.

Gesicht

Mit Stecknadeln werden Augen und Mund markiert. Mit Hilfe einer langen Nadel wird Stickgarn beziehungsweise Wolle vom Hinterkopf bis zur markierten Stelle durchgestochen. Mit kleinen Spannstichen werden Augen und Mund aufgestickt. Achten Sie darauf, dass Sie jedesmal an der gleichen Stelle ein- und ausstechen.

Verknoten Sie die Enden des Stickgarns am Hinterkopf. Nun ziehen Sie mit Hilfe von Stecknadeln etwas Trikot über die Knoten, bis diese nicht mehr sichtbar sind. Vernähen Sie die Stelle mit einem festen Handfaden und Matratzenstich. Mit der Gestaltung des Gesichtes steht und fällt das Aussehen einer Puppe. Mit nur wenigen Stichen erreicht man, dass sie fröhlich, ernst, grimmig oder traurig wirkt. Mit Wachsstiften lassen sich zarte oder kräftige Bäckchen aufmalen, das lässt ihre Puppe frisch aussehen.

Haare

Es gibt verschiedene Möglichkeiten, eine Perücke herzustellen. Die Möglichkeiten reichen von aufgestickten Haaren bis zu einer Schaffell- oder Plüschperücke. Es können auch industriell gefertigte Perücken verwendet werden. Für meine Puppen bevorzuge ich die gehäkelte Perücke, die fest auf den Kopf genäht wird. Die Frisur stickt man dann auf. Diese Art der Haargestaltung und auch Plüschperücken haben einen großen Vorteil gegenüber direkt aufgestickten Haaren: Bei starker Verschmutzung und großer Frisierfreudigkeit der Kinder kann man diese Haarteile einfach wieder abtrennen und erneuern. Die Häkelperücke, die dann bestickt wird, hat den Sinn, etwaige Laufmaschen im Trikot zu vermeiden. Das Käppchen wird aus festen Maschen gehäkelt, und es muss von der Stirn bis tief in den Nacken reichen. Achten Sie darauf, dass das Käppchen glatt auf dem Kopf anliegt. Dann wird es auf den Kopf genäht, wobei es besonders fest angenäht werden sollte, damit es sich später nicht verschiebt. Nun kann die entsprechende Frisur der Puppe gearbeitet werden, orientieren Sie sich dafür an den Einzelbeschreibungen der Puppen.

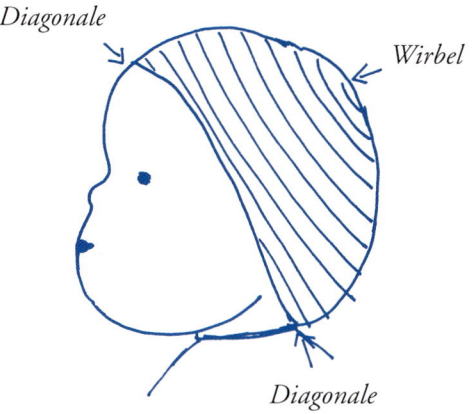

Diagonale

Wirbel

Diagonale

Für das Herstellen einer Plüschperücke messen Sie den Kopfumfang Ihrer Puppe entlang der Diagonale. Dieses Maß ergibt die Breite, die Sie auf den Plüsch übertragen. Die Höhe ergibt sich aus dem Abstand zwischen Stirn und Wirbel, den Sie ebenfalls ausmessen. Sie erhalten ein Rechteck, in das Sie zwei Bögen einzeichnen. Orientieren Sie sich dafür an der folgenden Zeichnung.

Schneiden Sie den Plüsch entlang der Bögen zu. An den Bögen wird der Plüsch eingereiht und gekräuselt. Klappen Sie dann das Rechteck zur Hälfte um, sodass die beiden Bögen rechts auf rechts genau aufeinander liegen. Dann nähen Sie die Bögen aufeinander. Am besten gelingt dies mit der Hand, da der Plüsch recht dick ist. Zuvor sollten sie unbedingt prüfen, ob Sie die Perücke stark genug gekräuselt und wiederum nicht zu stark gekräuselt haben, damit sie genau auf den Kopf der Puppe passt. Wenden Sie die Perücke. Sie haben einen Mittelscheitel erhalten, anhand dessen Sie das Käppchen anpassen können.

Bekleidung

Die Schnitte für die Bekleidung der Puppenkinder finden Sie auf den Vorlagebögen. Bevor Sie die Kleidung zuschneiden, messen Sie bitte erst Ihre Puppe aus. Es ist wichtig, dass Sie Körperlänge, Bein- und Armlänge sowie den Bauchumfang Ihrer Puppe feststellen und dann die Bekleidung auf diese Maße abstimmen. Eventuell müssen Sie die Schnitte ein wenig verkleinern oder vergrößern. Nach meiner Erfahrung stehen Stoffe aus Natur-

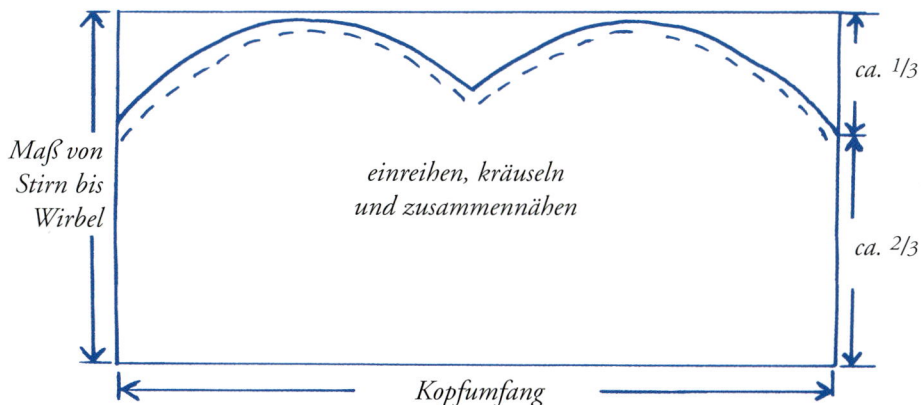

Maß von Stirn bis Wirbel

einreihen, kräuseln und zusammennähen

ca. 1/3

ca. 2/3

Kopfumfang

materialien und bunten Farben den Puppen am besten.

Hier noch einige Tipps: Kleider beginnt man am Oberteil. Vorder- und Rückenteile werden über die Schulternähte miteinander verbunden, die Seitennähte bleiben offen. Dann werden die beiden Rockteile eingereiht und vorn und hinten an das Oberteil genäht. Reihen Sie die Ärmel ein, und nähen Sie sie entlang der Armkugel an. Dann werden die beiden Seitennähte des Kleides von der unteren Armbeuge bis zum Rocksaum geschlossen.

Mit **verstürzten Nähten** sehen die Kleidungsstücke sauberer aus, und Sie ersparen sich viel Arbeit. Hierbei wird beispielsweise das Vorderteil eines Kleides zweimal zugeschnitten, rechts auf rechts aufeinander genäht und dann gewendet. Sie erhalten ein Vorderteil mit sauberen Abschlussnähten am Hals und an den Armen. Säume und anderweitige Kanten werden nicht benötigt. Auch Krägen lassen sich auf diese Weise am besten nähen. Armabschlüsse können durch Gummi eingekräuselt werden. Dehnen Sie das Gummi ganz straff, und nähen Sie es auf diese Weise an. Dann kräuselt sich der Stoff von selbst, indem sich das aufgenähte Gummi zusammenzieht. Wenn Sie für die Puppen mit Kleidern Unterhöschen nähen möchten, müssen Sie den Stoff zu dem aufgeführten Material hinzurechnen. Die Schnittmuster finden Sie auf dem Vorlagebogen.

Die wichtigsten Nähstiche

Der **Matratzenstich** ist relativ unsichtbar und durch seine doppelte Nähweise äußerst strapazierfähig. Daher wird er vorrangig zum Verschließen von Nähten wie bei Armen und Beinen verwendet, die von Kindern besonders beansprucht werden. Außerdem dient er der Verschönerung, um die Ansatzstellen von Armen und Beinen möglichst verschwinden zu lassen. Der Matratzenstich wird bei den vorgestellten Puppen also vorrangig für den Trikotstoff verwendet, da das die außen sichtbare Stofflage ist.

Mit dem **Überwindelungsstich** schließt man die Nähte des Rohlings und näht mit ihm Beine und Arme an, bevor diese Naht dann mit dem Matratzenstich verdeckt wird.

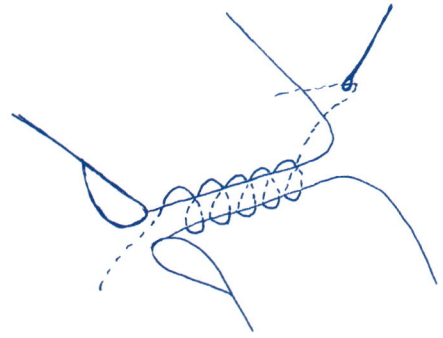

Der **Einreihstich** oder **Heftstich** wird für das Kräuseln der Bekleidung verwendet.

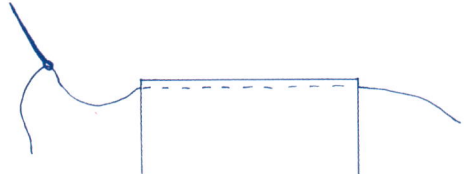

Mit dem **Spannstich** werden beispielsweise für Haare gerade Stiche nebeneinander gesetzt.

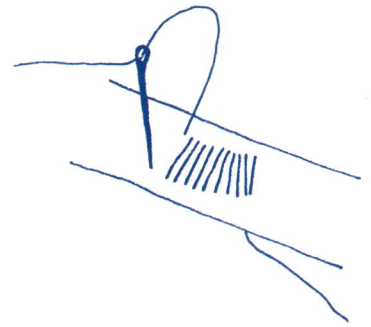

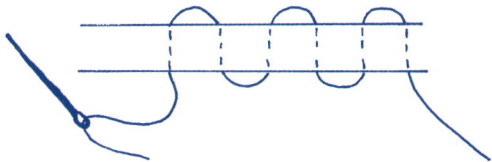

Der **Schlaufstich** eignet sich für das Aufsticken der Haare, wenn die Puppe eine plastische Wollfrisur erhalten soll. Man geht folgendermaßen vor: Legen Sie eine Schlaufe an, die nicht festgezogen wird. Daneben setzen Sie einen kleinen Gegenstich zur Befestigung, damit die Schlaufe nicht aufgeht, nachdem sie für eine Strubbelfrisur aufgeschnitten wird.

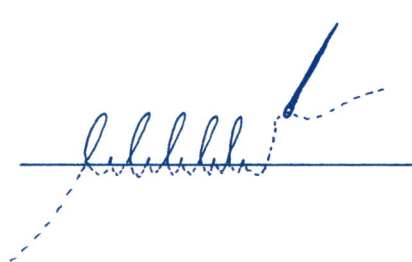

Kuschelpuppen

Klausi

Material
- hautfarbener Trikot für das Gesicht: 14 cm lang, 15 cm breit
- hautfarbener Trikot für die Hände: zweimal 5 x 5 cm, doppelt gelegt
- hautfarbener Trikot für die Füße: zweimal 7 cm lang, 8 cm breit, doppelt gelegt
- Nickistoff in Rot: 50 cm lang, 58 cm breit
- Blauweiß gestreifter Nickistoff für die Mütze: 30 cm lang, 20 cm breit
- Schlauchverband Tg 3, ca. 25 cm lang
- Teddyplüschtresse für die Haare: 2 cm lang, 7 cm breit
- Häkelspitze: 25 cm lang, 3 cm breit

Anleitung

Klausi ist 35 cm groß, und sein Kopfumfang beträgt 23 cm. Püppchen für Babys und Kleinkinder sollten sehr schlicht gehalten werden, daher habe ich das Gesicht bewusst einfach und ohne Nase gestaltet. Einfache Gesichter regen mehr die Phantasie an. Die Puppe kann schlafen, lachen und weinen – und das alles mit einem Gesichtsausdruck. Meine Erfahrung hat gezeigt, dass Nasen vor Schmutz leicht schwärzlich und löcherig werden. Anzüge sollten fest angenäht sein, und auf Accessoires, die leicht verschluckt werden können, sollten Sie verzichten.

Klausi ist ein sehr weicher Kuschelzwerg. Sein Anzug wird direkt mit Füllwatte locker aufgefüllt. Kopf und Rumpf arbeiten Sie nach der Grundanleitung, wobei auf die Nase verzichtet wird und der Rumpf etwas weicher ausgestopft wird. Sticken Sie auch das Gesicht auf.

Hände und Füße schneiden Sie aus Trikotstoff nach dem Schnitt zu. Nähen Sie die Teile rechts auf rechts aufeinander, und wenden Sie Hände und Füße. Die Gliedmaßen werden mit Schafswolle oder Füllwatte gestopft. Als Nächstes fertigen Sie den Anzug. Schneiden Sie dafür Oberteil und Hose zu. Schließen Sie die Nähte der beiden Teile, zusammengenäht werden Oberteil und Hose später. Hände und Füße werden an den Ärmeln beziehungsweise Hosenbeinen angenäht. Stopfen Sie die Ärmel locker aus. Schneiden Sie den Halsausschnitt des Oberteils aus. Setzen Sie den Kopf ein, und nähen Sie das Oberteil am Hals mit Matratzenstich gut fest. Das Bündchen des Oberteils nähen Sie ringsum am Rumpf an. Die Hosenbeine werden locker gefüllt, damit sie schön bauschig, aber dennoch weich sind. Schlagen Sie den Hosenbund ca. 1,5 cm ein, und stecken Sie ihn mit Stecknadeln am Oberteil fest. Mit reißfestem Handnähfaden reihen Sie den Bund ein und kräuseln ihn. Dabei ziehen Sie den Faden fest an, sodass eine Taille entsteht. Unterhalb der Arme nähen Sie den Hosenbund mit Matratzenstich an. Diese Stelle sollten Sie zweimal durchnähen.

Nähen Sie den Teddyplüsch als Haarstreifen auf, nachdem Sie ihn dem Kopf angepasst haben. Anschließend schneiden Sie die Zipfelmütze zu und schließen die Naht. Wenden Sie die Mütze, und nähen Sie sie auf Klausis Kopf. Die Naht der Mütze befindet sich dabei am Hinterkopf. Machen Sie einen Knoten in das Ende der Zipfelmütze, und nähen Sie ein Stück Spitze um den Hals. Die Wangen malen Sie mit Wachsstift leicht rot an.

Tim

Material
- hautfarbener Trikot für das Gesicht: 20 cm lang, 24 cm breit
- hautfarbener Trikot für den Körper: 46 cm lang, 45 cm breit, doppelt gelegt
- Schlauchverband Tg 5, ca. 30 cm lang
- für die Bekleidung: bunter Baumwollstoff, 35 cm lang und 100 cm breit, roter Nickistoff, 20 cm lang und 80 cm breit, blauer Wollfaden, Gummi für Unterwäsche, ca. 1 cm breit, Klettverschluss, 9 cm lang und 1 cm breit, Socken
- gelbe Mohairwolle

Anleitung

Tim ist ungefähr 40 cm groß, und sein Kopfumfang beträgt 32,5 cm. Kopf, Rumpf, Arme und Beine arbeiten Sie gemäß der Grundanleitung. Verwenden Sie dafür die entsprechenden Schnittmuster des Vorlagebogens. Sticken Sie auch das Gesicht auf. Die Wangen können Sie mit Wachsstift ein wenig röten, Augenbrauen und Sommersprossen malen Sie nach Wunsch mit braunem Wachsstift auf.

Ist der Puppenkörper fertig gestellt, arbeiten Sie die Haare. Zunächst häkeln Sie mit festen Maschen eine Perücke. Dabei ist darauf zu achten, dass das Käppchen von der Stirn bis tief in den Nacken reicht. Außerdem muss es glatt auf dem Kopf anliegen. Nähen Sie das Käppchen an, besonders der Rand muss gut befestigt werden, damit sich die Perücke nicht verschiebt. Benutzen Sie zum Aufsticken der Frisur eine lange dicke Stopfnadel, und beginnen Sie am Hinterkopf, denn Tim bekommt einen Wirbel. Beginnen Sie mit Schlaufstich im Uhrzeigersinn den Hinterkopf auszusticken.

Achten Sie darauf, dass Sie nicht in die Kopfhaut stechen, um keine Laufmaschen zu erzeugen. Ziehen Sie den Faden unterhalb der Perücke durch. Fadenende und Fadenanfang lassen Sie in der gewünschten Haarlänge hängen. Beenden Sie den Stickvorgang nach drei bis fünf Stickzügen, und fangen Sie neu an.

Auf diese Weise wird der Haarschopf dicht. Wie dicht Sie die Frisur anlegen, liegt an Ihrer Ausdauer und an Ihrem Geschmack. Die entstandenen Schlaufen werden aufgeschnitten. Nach der Fertigstellung der Frisur werden die Haare leicht ausgebürstet und gleichmäßig nachgeschnitten.

Schneiden Sie die Stoffteile für die Bekleidung zu. Den Overall nähen Sie aus einem Vorder- und zwei Rückteilen zusammen. Berücksichtigen Sie die Belege, die Sie verstürzt an das Oberteil nähen. Nähen Sie hinten einen Klettverschluss ein. Auf die Vorderseite setzen Sie zwei Taschen. Nähen Sie das Hemd zusammen, und ziehen Sie am Ausschnitt einen Wollfaden durch, den Sie vorne zur Schleife binden. Die Ärmel werden mit Gummi ein wenig gekräuselt.

Lilly

Material
- dunkelbrauner Trikot für das Gesicht: 20 cm lang, 24 cm breit
- dunkelbrauner Trikot für den Körper: 46 cm lang, 45 cm breit, doppelt gelegt
- Schlauchverband Tg 5, ca. 30 cm lang
- für die Bekleidung: bunter Baumwollstoff, 35 cm lang und 80 cm breit, gelber Baumwollstoff, 21 cm lang und 50 cm breit, Gummi für Unterwäsche, ca. 1 cm breit, 2 Druckknöpfe
- schwarze Boucléwolle (je lockiger die Wolle, desto wuscheliger ist später die Frisur)

Anleitung

Lilly ist ungefähr 38 cm groß, und ihr Kopfumfang beträgt 29 cm. Kopf, Rumpf, Arme und Beine arbeiten Sie gemäß der Grundanleitung. Verwenden Sie dafür die entsprechenden Schnittmuster des Vorlagebogens. Sticken Sie auch das Gesicht auf.

Die Frisur besteht aus einer Perücke, die Sie aus gekräuselter Boucléwolle häkeln. Sie häkeln feste Maschen und erstellen ein Käppchen, das von der Stirn bis tief in den Nacken reicht. Außerdem muss es glatt auf dem Kopf anliegen. Nähen Sie das Käppchen an, besonders der Rand muss gut befestigt werden, damit die Perücke nicht hin- und herrutschen kann.

Schneiden Sie für die Bekleidung alle Teile nach den entsprechenden Schnittmustern zu. Schließen Sie die Beinnähte der beiden Hosenbeine, und nähen Sie diese mit der Mittelnaht vorn und hinten zusammen. Für den Sitz wird am Bündchen ein Gummi eingenäht.

Für das Kleid reihen Sie Vorder- und Rückteil ein und nähen daran die Vorderpasse beziehungsweise die beiden Rückpassen an. Das Kleid wird hinten mit zwei Druckknöpfen geschlossen. Die Ärmel werden an der Schulter eingereiht und am Armabschluss durch Gummi gekräuselt.

Für das Haarband schneiden Sie einen Stoffstreifen zu, den Sie einschlagen. Dann legen Sie eine gerade Naht entlang des Bandes an.

Viktoria

Material
- hautfarbener Trikot für das Gesicht: 20 cm lang, 24 cm breit
- hautfarbener Trikot für den Körper: 50 cm lang, 45 cm breit, doppelt gelegt
- Schlauchverband Tg 6, ca. 30 cm lang
- für die Kleidung: karierte Wildseide, 100 cm lang und 70 cm breit, Baumwollbatist, 25 cm lang und 100 cm breit, Gummilitzen, Klettverschluss, 9 cm lang und 1 cm breit
- gelbe Mohairwolle

Anleitung

Viktoria ist ungefähr 42 cm groß, und ihr Kopfumfang beträgt 30 cm. Kopf, Rumpf, Arme und Beine arbeiten Sie gemäß der Grundanleitung. Verwenden Sie dafür die entsprechenden Schnittmuster des Vorlagebogens. Sticken Sie auch das Gesicht auf. Die Wangen röten Sie mit etwas Wachsstift, und die Augenbrauen können Sie mit braunem Wachsstift aufmalen.

Für die Frisur häkeln Sie zunächst aus Mohairwolle mit festen Maschen eine Perücke. Die Perücke muss von der Stirn bis tief in den Nacken reichen und eng am Kopf anliegen. Nähen Sie sie am Kopf fest. Zunächst sticken Sie mit langen Spannstichen den Pony. Verwenden Sie hierfür eine lange dicke Stopfnadel.

Markieren Sie sich mit Stecknadeln Scheitel und Zopfstellen. Ziehen Sie an jeder Zopfstelle einen Faden ein, dessen Ende Sie in der gewünschten Länge der Zöpfe hängen lassen. Dann sticken Sie mit langen Spannstichen vom Scheitel bis zu den Zopfstellen beziehungsweise vom Nacken und Haaransatz bis zu den Zopfstellen. Orientieren Sie sich an der Zeichnung. Mit jedem Faden beginnen Sie wieder an der Zopfstelle und lassen das Fadenende hängen. Achten Sie darauf, dass die Stiche wie „gekämmt" gerade nebeneinander liegen. Wiederholen Sie den Vorgang so lange, bis die Perücke dicht bestickt ist.

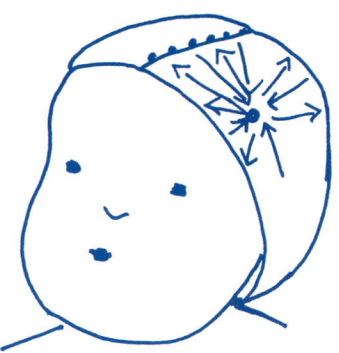

Um dickere Zöpfe zu erhalten, können Sie noch zusätzliche Fäden einziehen. Flechten Sie die Zöpfe, und binden Sie sie als Affenschaukeln nach oben. Die Ponyfransen werden mit einem kleinen Schlaufstich einreihig entlang des Haaransatzes aufgestickt. Schneiden Sie die Schlaufen nicht auf.

Nähen Sie das Kleid, und orientieren Sie sich dabei an der Grundanleitung für Bekleidung (s. S. 11). Dann schlagen Sie für die Haarbänder zwei Stoffstreifen an der Längskante ein und steppen darüber.

Max

Material

- hautfarbener Trikot für das Gesicht: 14 cm lang, 15 cm breit
- hautfarbener Trikot für die Hände: zweimal 10 cm lang, 5 cm breit, doppelt gelegt
- Schlauchverband Tg 3, ca. 78 cm lang
- blauer Nickistoff: 15 cm lang, 26 cm breit
- Teddyplüsch je nach Kopfgröße für die Haare
- für die Bekleidung: Sweatshirtstoff für die Hose, 27 cm lang und 50 cm breit, bunter Baumwollstoff für das Lätzchen, 26 cm lang und 40 cm breit, ca. 55 cm gelber Schrägstreifen, 2,5 cm breit

Anleitung

Max ist eine 33 cm große Schlenkerpuppe, deren Anzug direkt mit Kopf, Armen und Beinen verbunden ist. Seine Glieder bestehen aus Schlauchverband, daher ist Max besonders beweglich. Vor allem für Kinder ab 15 Monaten ist Max ein idealer Spielkamerad. Kleinkind- und Babypüppchen stopfe ich vorzugsweise mit einer waschbaren Hochbauschwatte aus. Die Puppen lassen sich dann von Hand und mit dem Schonprogramm der Waschmaschine waschen. Sie sollten dafür ein Feinwaschmittel verwenden. Mäxchens Kopf und Rumpf wird gemäß der Grundanleitung gefertigt. Verwenden Sie dafür einen Schlauchverband Tg 3 in der Länge von ca. 25 bis 30 cm. Der Kopfumfang von Max beträgt 22 cm. Sticken Sie das Gesicht. Die Wangen röten Sie mit etwas Wachsmalstift, und die Augenbrauen ziehen Sie mit braunem Wachsstift nach.

Für die Arme benötigen Sie je ein Stück Schlauchverband Tg 3 von 12 cm Länge, für die Beine von je 13 cm Länge. Die Armschläuche werden fest an die Schultern genäht und die Beinschläuche an das Unterteil des Bauches. Danach werden die Schläuche gut daumendick ausgestopft und abgebunden. Nähen Sie die Hände aus Trikot und die Füße aus Nicki. Stopfen Sie diese Teile fest aus, und nähen Sie sie an den Schlauchenden fest. Stellen Sie gemäß der Grundanleitung eine Plüschperücke her (vgl. S. 11), und nähen Sie diese auf dem Kopf fest.

Nun schneiden Sie den Stoff für die Kleidung zu. Bitte messen Sie Arm- und Beinlänge der Puppe vorher aus, um Ihre Schnitte dementsprechend anzupassen. Nähen Sie das Oberteil aus Nicki sowie die Hose. Schneiden Sie die Halsöffnung des Oberteils aus, und ziehen Sie es der Puppe an. Nähen Sie es an Händen und Hals mit Matratzenstich fest. Sie können das Oberteil auch mit ein paar Stichen am Bauch fixieren, damit später nichts verrutscht.

Die Hose schneiden Sie oben an den Seiten ungefähr 2,5 cm ein. Ziehen Sie der Puppe die Hose an.
Schlagen Sie die Hose über der Schulter und um die Arme etwas ein, und nähen Sie sie mit Matratzenstich an Schultern, Hals, entlang der Armansätze und um die Füße herum an. Zuletzt nähen Sie das Ärmellätzchen nach dem Schnittmuster. Es wird hinten mit Schrägband zugebunden.

Benny

Material
- Trikot für das Gesicht: 6 cm lang, 5 cm breit
- Trikot für die Hände: zweimal 2 x 2 cm
- blauer Nickistoff: 28 cm lang, 16 cm breit
- roter Nickistoff: 9 cm lang, 10 cm breit
- Schlauchverband Tg 2, 10 cm lang
- Rest Wolle für die Haare
- Baumwollspitze: 20 cm lang, 2 cm breit
- ca. 100 ml Granulat

Anleitung

Dieser kleine Restezwerg entstand, weil ich ständig irgendwelche Reste an Nicki und Trikot hatte, mit denen nichts Größeres anzustellen war. Benny ist bis zur Spitze seiner Zipfelmütze 20 cm groß, sein Kopfumfang beträgt 11 cm. Dieser Wicht ist ideal als Geschenk für kleine Erdenbürger, die die Welt mit ihren Händen ertasten lernen. Sie haben eine Menge Spaß dabei, die Körner in Bennys Körper zu erfühlen.

Für Benny wird nur der Kopf nach der Grundanleitung gearbeitet. Sticken Sie das Gesicht und den Pony auf. Für den Pony verwenden Sie den Spannstich. Die Wangen können Sie mit Wachsstift etwas röten. Der Körper wird nach dem Schnittmuster zugeschnitten und genäht. Schneiden Sie die Halsöffnung aus, und wenden Sie den Körper. Aus 2 x 2 cm großen Trikotläppchen werden mit etwas Füllwatte zwei kleine Fäustlinge abgebunden und an die Ärmel genäht (reihen Sie diese etwas ein). Füllen Sie den Körper von der Halsöffnung aus mit Granulat. Sie können auch Reis, getrocknete Hülsenfrüchte oder Dinkelspreu verwenden. Bedenken Sie dann nur, dass Sie bei diesen Materialien den kleinen Wicht nicht waschen können. Setzen Sie das Köpfchen ein, und nähen Sie es an. Dann nähen Sie die Mütze. Wenden Sie sie, und füllen Sie sie mit etwas Füllwatte. Nähen Sie die Mütze so an den Kopf, dass die Mittelnaht hinten liegt. Reihen Sie die Baumwollspitze ein, und nähen Sie diese Benny als Halskrause an.

Hannes

Material
- Trikot für das Gesicht: 45 cm lang, 45 cm breit
- Trikot für die Hände: zweimal 7 cm lang, 7 cm breit, doppelt gelegt
- blauer Nickistoff für die Füße: 8 cm lang, 10 cm breit, zweimal doppelt gelegt
- blauer Nickistoff für das Oberteil: 14 cm lang, 39 cm breit
- roter Nickistoff für die Mütze: 42 cm lang, 34 cm breit
- Fleece für die Hose: 39 cm lang, 60 cm breit
- Baumwollspitze für den Hals: 35 cm lang, 7 cm breit
- Schlauchverband Tg 5, 30 cm lang
- Schlauchverband Tg 3, 78 cm lang
- glatte braune Wolle für die Haare

Anleitung

Hannes ist ein 49 cm großer Schlenkerzwerg. Sein Kopfumfang beträgt 31 cm. Das Besondere an Hannes ist, dass seine Arme an den Ellenbogen und seine Beine an den Knien abgebunden werden. Dadurch wird Hannes sehr beweglich.

Beginnen Sie mit Kopf und Rumpf, die Sie wie in der Grundanleitung beschrieben arbeiten. Verwenden Sie dafür den 30 cm langen Schlauchverband Größe Tg 5. Sticken Sie das Gesicht auf. Die Wangen werden mit etwas Wachsstift gerötet, die Augenbrauen malen Sie mit braunem Wachsstift auf.

Für Arme und Beine verwenden Sie Schlauchverband der Größe Tg 3. Für die Arme benötigen Sie ein je 18 cm langes Stück, für die Beine ein je 21 cm langes Stück. Nähen Sie Arm- und Beinschläuche gut an, und stopfen Sie diese recht gut aus. Nähen Sie die Hände aus Trikot und die Füße aus Nicki, und nähen Sie diese an die Enden von Arm- und Beinschläuchen. Dann binden Sie Ellenbogen und Knie ab.

Schneiden Sie Oberteil und Hose zu, und nähen Sie die beiden Teile. Ziehen Sie Hannes das Oberteil an, und nähen Sie es an Hals und Händen mit Matratzenstich fest an. Sie können das Oberteil auch am Bauch mit einigen Stichen fixieren, damit es nicht nach oben verrutschen kann. Ziehen Sie Hannes die Hose an, nachdem Sie die Seiten für die Armausschnitte ungefähr 4 cm eingeschnitten haben. Schlagen Sie die Hose an den Armausschnitten und an der Schulterpartie ein, und nähen Sie die Hose mit Matratzenstich fest. Die Hosenbeine werden an den Fußgelenken festgenäht.

Markieren Sie mit einem weichen Bleistift den Haaransatz und die mögliche Breite des Ponys, da die Ponyfransen direkt auf den Kopf gestickt werden. Benutzen Sie zum Sticken eine spitze dicke Stopfnadel. Achten Sie darauf, dass das Nadelöhr nur so groß ist, dass Sie die Wolle gerade noch durchziehen können. Sie sollten zuerst am Hinterkopf ausprobieren, ob Sie die Nadel gut durchziehen können. Ist die Nadel zu dick, wird der Trikot leicht verletzt – es gibt Löcher oder sogar Laufmaschen. Mit dem Schlaufstich sticken Sie die Ponyfransen in der gewünschten Länge und schneiden dann die Schlaufen auf. Schneiden Sie die Fransen auf eine gleichmäßige Länge. Dann nähen Sie die Mütze und setzen diese Hannes auf. Die Mittelnaht liegt dabei hinten. Nähen Sie die Mütze mit Matratzenstich fest an. Nun reihen Sie die Baumwollspitze ein. Ziehen Sie die Spitze zusammen, und legen Sie diese Hannes als Halskrause um. Nähen Sie die Enden der Spitze zusammen, und fixieren Sie sie mit einigen Stichen am Rücken.

Dorit

Material
- Trikot für das Gesicht: 14 cm lang, 15 cm breit
- Trikot für den Körper, 35 cm lang, 10 cm breit, doppelt gelegt
- Trikot für die Arme: 13 cm lang, 10 cm breit, doppelt gelegt
- Schlauchverband Tg 3, 28 cm lang
- braune Boucléwolle für die Haare
- für die Kleidung: weißer Baumwollstoff, 15 cm lang und 100 cm breit, grüner Baumwollstoff, 20 cm lang und 80 cm breit, 2 Druckknöpfe, Gummilitzen, weißes Band, grünes Schleifenband

Anleitung

Dorit ist 36 cm groß, und ihr Kopfumfang beträgt 27 cm. Die Besonderheit bei dieser Puppe ist, dass Körper und Beine in einem Stück gearbeitet werden. Außerdem wird das Gesicht etwas anders abgebunden als bei den übrigen Gliederpuppen, damit die Wangen und das Kinn stärker heraustreten. Der zusammenhängende Puppenkörper ist gerade bei Kleinkindern von Vorteil, weil die Beine fest am Körper bleiben und nicht abgerissen werden können. Diese Technik lässt sich auf alle Puppengrößen übertragen, da kein fester Schnitt notwendig ist.

Zunächst stellen Sie den Rohling für Kopf und Körper gemäß der Grundanleitung her. Kopfform und Nase werden genauso angelegt wie bei den anderen Puppen. Dann stechen Sie die Stopfnadel mit reißfestem Garn etwa 2 bis 5 mm neben der Nase in Höhe der Nasenlöcher ein. Gehen Sie unter der Nase durch, und führen Sie die Nadel im selben Abstand zur Nase aus wie auf der anderen Seite. Auf beiden Seiten sollte der Faden gleich lang herunterhängen und nicht zu kurz sein. Führen Sie die Fadenenden bis zum Ohr, und vernähen Sie sie gut. Diesen Arbeitsgang wiederholen Sie und spannen dabei den Faden gut an, damit die Wangenpartien sichtbar abgebunden werden. Markieren Sie nun mit einem weichen Bleistift den Mund. Achten Sie dabei auf die Symmetrie des Gesichtes. Sitzt der Mund zu tief, sieht das Gesicht sofort älter aus. Stechen Sie vom Nacken her mit einer Puppennadel

(12 cm lange spitze Nadel) durch den Kopf bis zum Mundwinkel. Legen Sie den Faden bis zum gegenüberliegenden Mundwinkel, stechen Sie die Nadel ein, und führen Sie diese zum Ausgangspunkt im Nacken zurück. Ziehen Sie den Faden etwas an, und befestigen Sie ihn mit kleinen Stichen. Abgeschnitten wird der Faden jedoch noch nicht, da er noch für das Kinn gebraucht wird. Das Kinn wird mit einer kräftigen Nadel vorsichtig gelockert und modelliert. Stechen Sie die Puppennadel vom Ausgangspunkt im Nacken ein, und stechen Sie in Höhe des Kinns aus. Führen Sie den Faden bis zum gegenüberliegenden Markierungspunkt für das Kinn, und stechen Sie die Nadel ein. Führen Sie die Nadel zum Ausgangspunkt im Nacken zurück. Spannen Sie den Faden leicht an, und vernähen Sie ihn gut.

Seiten. Nun messen Sie den Rumpf der Puppe, geben Sie 2 cm dazu, und übertragen Sie dieses Maß auf die obere Hälfte des Stoffschlauches. An dieser Stelle liegt der Schritt. Orientieren Sie sich auch an der Zeichnung.

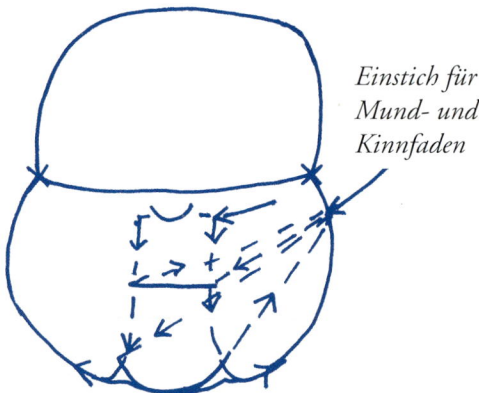

Einstich für Mund- und Kinnfaden

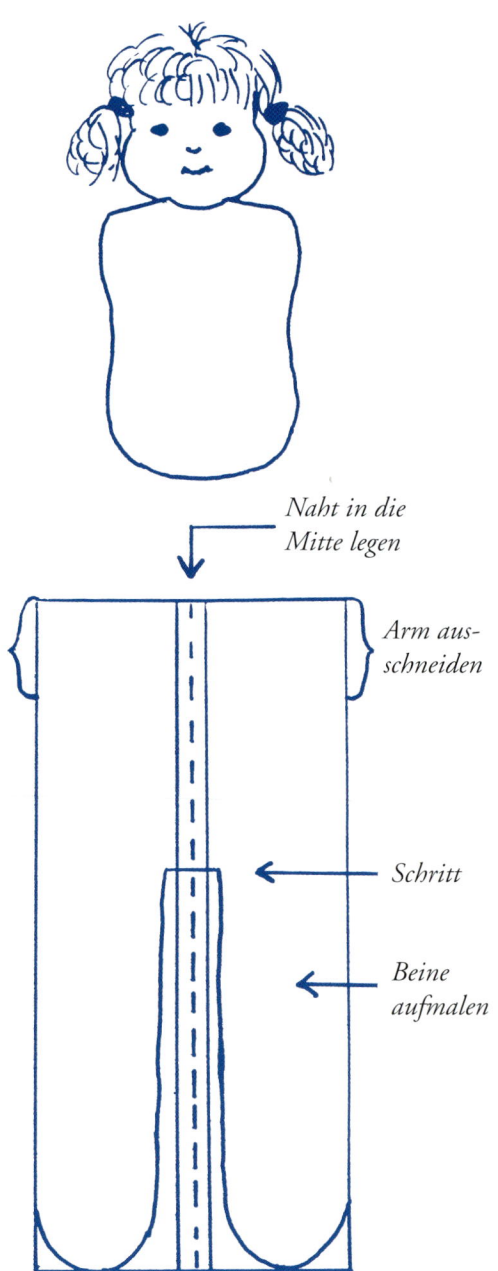

Naht in die Mitte legen

Arm ausschneiden

Schritt

Beine aufmalen

Anschließend wird der Kopf mit Trikot bezogen und das Gesicht aufgestickt. Die Wangen röten Sie mit Wachsstift, die Augenbrauen ziehen Sie mit braunem Wachsstift nach. Nähen Sie dann die Arme, stopfen Sie sie aus, und nähen Sie sie an den Rumpf. Nun wird die „Strumpfhose" aus Trikot für den Körper angefertigt. Legen Sie den Stoff zu einem Schlauch übereinander. Die Breite entspricht der Breite des Puppenkörpers, zuzüglich von 5 mm Nahtzugabe auf beiden

Die Länge des Schlauches bis zum Schritt zuzüglich der Hälfte dieser Länge ergibt die übrige Schlauchlänge bis zu den Füßen. Haben Sie den Schlauch auf die entsprechende Länge zugeschnitten, schließen Sie die Mittelnaht. Legen Sie den Schlauch nun so, dass die Naht hinten genau in der Mitte liegt. Markieren Sie den Schritt mit einem weichen Bleistift, und malen Sie die Beine auf. Orientieren Sie sich dafür an der Zeichnung. Die Beine und der Schritt werden zweimal abgesteppt. Schneiden Sie die Beine entlang der Naht mit 5 mm Nahtzugabe aus. Wenden Sie die „Strumpfhose". Stopfen Sie die Beine aus, aber stopfen Sie nicht zu fest, damit die Beine beweglich bleiben. Für die Arme schneiden Sie links und rechts Schlitze von ca. 3 cm Länge oben in den Körperschlauch. Ziehen Sie die „Strumpfhose" über den Rumpf, und vernähen Sie die Kanten. Jetzt knicken Sie für die Füße den Beinschlauch in der Länge von ca. 2,5 cm um. Binden Sie die Fußteile ab, und nähen Sie die Fußteile mit Matratzenstich so an das Bein, dass die Füße rechtwinklig abstehen.

Für die Frisur wird aus festen Maschen ein Käppchen gehäkelt. Achten Sie darauf, dass es genau am Kopf anliegt und von der Stirn bis tief in den Nacken reicht. Sticken Sie den Pony mit Schlaufstich auf. Die Zöpfe werden direkt an der entsprechenden Stelle des Kopfes gearbeitet. Durch die Boucléwolle muss der übrige Kopfbereich nicht bestickt werden, da das Käppchen durch diese Wollart bereits wuschelig wirkt.

Nähen Sie für Dorit ein Kleid und eine weiße Bluse. Das Kleid wird hinten mit Druckknöpfen geschlossen, die Bluse vorn mit einem weißen Band zum Schnüren. Die Bluse wird mit Hilfe von Gummilitzen an den Ärmeln gekräuselt.

Für das Nähen der Kleidungsstücke können Sie sich auch an der Grundanleitung für Bekleidung orientieren (s. S. 11). Wickeln Sie zum Schluss grünes Schleifenband um die Zöpfe.

ISBN 3-8241-0982-4
Broschur, 32 S., 2 Vorlageb.

ISBN 3-8241-0981-6
Broschur, 32 S., 2 Vorlageb.

ISBN 3-8241-0853-4
Broschur, 32 S., 2 Vorlageb.

ISBN 3-8241-0893-3
Broschur, 32 S., 2 Vorlageb.

ISBN 3-8241-0879-8
Broschur, 32 S., 2 Vorlageb.

Lust auf Mehr?

Liebe Leserin, lieber Leser,
natürlich haben wir noch viele andere Bücher im Programm.
Gerne senden wir Ihnen unser Gesamtverzeichnis zu.
Auch auf Ihre Anregungen und Vorschläge sind wir gespannt.
Rufen Sie uns einfach an oder schreiben Sie uns.

Englisch Verlag GmbH
Postfach 2309 · 65013 Wiesbaden
Telefon 06 11/9 42 72-0 · Telefax 06 11/9 42 72 30
E-Mail info@englisch-verlag.de
Internet http://www.englisch-verlag.de